BEI GRIN MACHT SICH IHR WISSEN BEZAHLT

AF154765

- Wir veröffentlichen Ihre Hausarbeit,
  Bachelor- und Masterarbeit

- Ihr eigenes eBook und Buch -
  weltweit in allen wichtigen Shops

- Verdienen Sie an jedem Verkauf

Jetzt bei www.GRIN.com hochladen
und kostenlos publizieren

GRIN ☺

Bibliografische Information der Deutschen Nationalbibliothek:

Die Deutsche Bibliothek verzeichnet diese Publikation in der Deutschen National-
bibliografie; detaillierte bibliografische Daten sind im Internet über http://dnb.d-
nb.de/ abrufbar.

Impressum:

Copyright © 2002 GRIN Verlag, Open Publishing GmbH
Druck und Bindung: Books on Demand GmbH, Norderstedt Germany
ISBN: 978-3-668-08911-2

Dieses Buch bei GRIN:

http://www.grin.com/de/e-book/131611/kruzifixe-in-der-aethiopischen-kunst

Kristin Müller-Wenzel

Kruzifixe in der äthiopischen Kunst

GRIN Verlag

GRIN - Your knowledge has value

Der GRIN Verlag publiziert seit 1998 wissenschaftliche Arbeiten von Studenten, Hochschullehrern und anderen Akademikern als eBook und gedrucktes Buch. Die Verlagswebsite www.grin.com ist die ideale Plattform zur Veröffentlichung von Hausarbeiten, Abschlussarbeiten, wissenschaftlichen Aufsätzen, Dissertationen und Fachbüchern.

Besuchen Sie uns im Internet:

http://www.grin.com/

http://www.facebook.com/grincom

http://www.twitter.com/grin_com

Das Kruzifix in der Afrikanischen Kunst

am Beispiel Äthiopiens

Inhaltsverzeichnis

1. Einleitung

Die Themen der äthiopischen Kunst stammen vorwiegend aus dem religiösen Bereich. Es gibt sehr viele dem europäischen Betrachter bekannte Darstellungen, dazu besitzen die Äthiopier auch eigene Themen und Heilige, es werden außerdem noch einige Szenen und Figuren abgewandelt und bevorzugt. Die Kunst „ist volksnah und weithin bäuerlich und dient der religiösen Belehrung und Begeisterung." (Raunig 1973: 17) Kruzifixe haben in der äthiopischen Kunst schon eine lange Tradition. Im Gegensatz zu den restlichen Gebieten in Afrika, in welchen das Christentum meist durch Europäer gelangte, war Äthiopien schon seit dem 4. Jahrhundert christlich. Auf diese lange Tradition wurden sich auch später, in der Zeit der Missionierungen, berufen und es entstand auch dort ein Christentum, welches vor dem europäischen Christentum autonom wurde. Die erste Kreuzdarstellung war auf den Münzen von König Ezana abgebildet. Da Äthiopien auch lange Zeit vom christlichen Europas abgegrenzt war entwickelte sich in diesem Land auch ein eigener Kreuzkult, denn „kein anderes Volk hat so viel Phantasie und Glaubensinbrunst in die Darstellung des Kreuzes gelegt, wie jene äthiopischen Bauer und Krieger, ... " (Raunig 1973: 19). Die äthiopischen Kreuze sind im Vergleich zu den europäischen viel formenreicher, teilweise so stark verziert und in solch außergewöhnlicher Form, dass es für uns manchmal schwierig wird überhaupt ein Kreuz zu erkennen. Aber genau dies macht diese Kreuze so interessant. In den folgenden Texten habe ich versuch das wichtigste über die Kreuze in Äthiopien zusammen zutragen, was teilweise schwierig wurde, da in den Büchern über Christentum in Afrika meist nur auf die Religion eingegangen wird und in Büchern über Kunst in Afrika überwiegend traditionelle Kunst erläutert wird und weniger die christliche.

2. Die Geschichte Äthiopien

Äthiopien gehört mit zu den ältesten Wohngebieten der Menschheit. um 700 v.Chr. sind Sabäer von Saudi-Arabien über das Westufer des Roten Meeres nach Äthiopien gekommen und gründeten im Hochland des heutigen Nordäthiopien das aksumische Reich. Sie wurden stark von den Einwohnern dieser Gegend beeinflusst und so entwickelte sich aus der semitischen Sprache eine neue Sprache, das Ge'ez oder Äthiopisch. Ge'ez wird auch oft das Latein Äthiopiens genannt, da es die Wurzel einer ganzen Sprachfamilie bildet, von ihr stammt auch das Amharisch ab, die offizielle Sprache des heutigen

Äthiopiens. Das Neugegründete Reich hatte seine Blütezeit vom ersten bis zum zehnten Jahrhundert n.Chr. Es betrieb Handel mit vielen Ländern meist über den Seeweg, der Haupthandelspartner war Ägypten, aber auch Arabien, Indien und Persien, was man aus dem "Periplus des Erythräischen Meeres", einen Handelshandbuch aus frühchristlicher Zeit, entnehmen kann. Außerdem hatte das aksumitische Reich auch einen hohen technischen Stand erreicht. Auch in die Zeit des aksumitischen Reiches fiel die Bekehrung zum Christentum, ca. 330 n. Chr. (Raunig 1973:23) oder um 360 n. Chr. (nach Thiel 1984). Das Christentum fasste dann auch sehr schnell Fuß in Äthiopien, im 6. Jahrhundert zählte es der griechisch-ägyptische Schriftsteller Cosmas Indicopleustes zu der frühchristlichen Welt. Trotz der raschen Verbreitung der neuen Religion bestand immer eine Koexistenz mit anderen Religionen, wie dem Islam und dem Judentum. Der starke jüdische Einfluss zeigt sich heute noch. In jeder Kirche befindet sich ein Tabot welch sehr an die Bundeslade erinnert. Im 10. Jahrhundert setze dann der Zerfall des aksumitischen Reiches ein und die politische Macht verlagerte sich weiter in das Landesinnere, das zum Großteil schon christlich war. Im 12. und 13. Jahrhundert regierte die Zagwe - Dynastie in der Provinz von Lasta. Der bekannteste Herrscher dieser Dynastie war Kaiser Lalibela, sein Regierungssitz befand sich der der Stadt Roha, welche später nach ihm benannt wurde. Zu seiner Zeit war Lalibela christliches Zentrum, in dem nicht nur bemerkenswerte Felsenkirchen errichtet wurden, sondern auch ein eigener Kreuztyp entstand (siehe Bild 1). Gegen Ende des 13. Jahrhunderts wurde der letzte Herrscher der Zagwe - Dynastie abgesetzt und ein Herrscher der Provinz Schoa bestieg den Thron. Kaiser Yekuno Amlak behauptete von König Salomon und der Königin von Saba, die nach Überlieferungen Äthiopien verließ, um von der Weisheit des biblischen Herrschers zu lernen, abzustammen. Auch leitete Kaiser Haile Selassie, der bekannteste Kaiser von Äthiopien, seine Abstammung von dieser berühmten Linie her. Seit dieser Zeit bestand die Regelung, dass der Abuna, Oberhaupt der äthiopischen Kirche, ein

Ausländer sein musste. Meist war dies ein Ägypter, von der Kirche von Alexandrien geweiht.

Die neue Herrschaftsperiode brachte auch ein Wiederaufblühen der Literatur mit sich, was man auf den zunehmenden Einfluss und Reichtum der Kirche zurückführen kann. Auch die Kebra Nagast (dt.: Herrlichkeit der Könige) wurde in dieser Zeit von Ishaq in Ge' ez geschrieben. Sie beinhaltet die legendenhafte Geschichte des Besuches der Königin von Saba bei König Salomon. Im Mittelalter, ab der Regierungszeit von Kaiser Yekuno Amlaks, war Äthiopien eine Agrazivilisation. Die Herrscher dieser Periode hatten keinen festen Regierungssitz, sondern reisten die meiste Zeit in Zeltlager durch ihr Land. Man versuchte auch vermehrt diplomatische Beziehungen mit den christlichen Ländern Europas herzustellen, da man sie als verbündete im Kampf gegen den muselmanischen Nachbarn betrachtete. Was sich im frühen 16. Jahrhundert als sehr nützlich erwies, denn in dieser Zeit wurde ein Großteil des christlichen Hochlandes von Ahmad Ibn Ibrahim El Ghazi, einen muselmanischen Krieger mit dem Spitznamen Gran der Linkshänder überrannt, welcher schließlich 1543 mit Hilfe portugiesischer Truppen geschlagen wurde. Dieser Krieg leitete einen neuen Abschnitt in der Geschichte Äthiopiens ein, denn ab dieser Zeit versuchten die Herrscher viele Bündnisse mit dem Ausland zu schließen, was seinen Höhepunkt im 17. Jahrhundert fand, in dem einige portugiesischen Jesuiten ihre Missionstätigkeit in Äthiopien begannen. Sie brachten indische Künstler mit, die ihre Einflüsse in Gebäuden und auch in der Malerei dieser Zeit hinterließen. Diese Zeit endete jedoch abrupt, als Kaiser Fasilides 1623/1633 die Jesuiten vertrieb, um so die Selbständigkeit des äthiopischen Glaubens zu sichern. Im Jahr 1636 begann mit der Gründung der Stadt Gondar eine neue Epoche in der äthiopischen Geschichtsschreibung. Sie war zwei Jahrhunderte Hauptstadt und politisches, wirtschaftliches und kulturelles Zentrum. In dieser Epoche beabsichtigten die Herrscher engere Verbindung mit dem Osten und lehnten den Kontakt mit dem katholische Europa ab. Auch künstlerisch ist die Periode von Bedeutung, in ihr erhielten die Gemälde nicht nur eine naturalistischere Prägung sonder es wurde auch eine neue Kreuzform entwickelt (siehe Bild 2 und Bild 3). Später setzeein Bürgerkrieg ein, in dem die einzelnen Provinzherren mehr an Macht gewannen und die Provinzen immer autonomer wurden, was dazu führte, dass sie sich gegenseitig zerstören wollten. Diese Zeit der Provinzherrschaften dauerte bis in die Mitte des 19. Jahrhunderts, auch wenn drei Kaiser versuchten Äthiopien wieder zu vereinen und zu erneuern. Erst unter Menelik 11. (1889-1913) wurde das Reich auch von Europa anerkannt.

3. Die Entstehung des Christentums und seiner Kirche

Nach einer Geschichte von Rufmus Tyranius, einen Theologen aus dem 4. Jahrhundert, fand die Bekehrung zum Christentum im 4. Jahrhundert statt, durch den schiffbrüchigen griechischen Christen Frumentius. Er erzählt von Meropius einem christlichen Händler oder wie er ihn nennt, einen Philosophen aus Tyrus, der mit seinen zwei Schülern, Frumentius und Ädesius auf den Rückweg einer Indien - Reise war und an der Küste Äthiopiens anlegten, um Wasser aufzunehmen. Als Vergeltungsmaßnahme gegen das oströmische Reich wurde das Schiff beschlagnahmt, Meropius wurde ermordet und die beiden Schüler wurden gefangen genommen und zum König gebracht. Er macht Ädesius zu seinem Kelchträger und Frumentius zu seinem Schatzmeister und Sekretär. Sie erfreuten sich größter Ehren und tiefster Zuneigung beim König. Jener starb sehr bald und stellte den beiden frei zu gehen, doch die Königin bat sie zu bleiben bis ihr Sohn alt genug sei. In dieser Zeit sammelte Frumentius christliche Händler um sich und förderte auf jede mögliche Weise das Wachstum des Christentums. Als der Thronfolger alt genug war ging Ädesius zurück nach Tyrus und Frumentius nach Alexandrien. Frumentius unterrichtete den Patriarchen Athanasius über seine Arbeit und bat ihn einen Mann als Bischof für die Christen nach Äthiopien zu schicken und er schickte ihn. So kehrte Frumentius als erster, christlicher Bischof in das aksumitische Reich zurück. Er wird noch bis auf den heutigen Tag als Abba Salama (dt.: Vater des Friedens) von der äthiopischen Kirche verehrt. Auf die Bekehrung zum Christentum folgt innerhalb eines Jahrhunderts die Übersetzung der Bibel aus den Griechischen in die Ge' ez - Sprache.

3.1. Die Kirche und die Bildung

Die Kirche im christlichen Äthiopien war Jahrhunderte lang „die Beschützerin althergebrachter Kultur wie auch Hauptpatronin der Künste" (Raunig 1973: 29). Wie auch im christlichen Europa, waren sie nicht nur Zentrum der Wissenschaft, sondern auch Mittelpunkt der künstlerischen Produktion. In den äthiopischen Kirchen gab es mit den Kirchenschulen eine einzigartige Einrichtung, sie glichen den Schulen in Europa im Mittelalter nur darin, dass sie auch ein religiös ausgerichtetes Lehrziel verfolgten. Am Anfang des Studiums stand das Lernen von Lesen Schreiben und das Auswendiglernen von ausgewählten Bibelstellen. Viele Studenten brache nach diesem das Studium ab und wurden Bauern, Soldaten oder Staatsmänner, aber jene die weiter machten wurden in traditionellen Wissenschaften unterrichtet, wie zum Beispiel Musik, Dichtkunst, Theologie und Philosophie. Sie wurden auch in praktischen Dingen, wie Speerwurf, Reiten und Schwimmen, unterrichtet. Auch die

Bauernbevölkerung erfuhr durch die Kirche ihre Erziehung, manche Väter schickten ihre Kinder in Klöster und andere wiederum gingen für ihre Bildung betteln. Die Erziehung in den Kirchenschulen war völlig gratis, die Studenten mussten mit dem Sack Erbsen oder Mehl, den er mitbrachte die ganze Studienzeit auskommen, wenn dies nicht reichte, musste er betteln gehen.

3.2. Die Struktur der Kirche

In der Hierarchie der Äthiopischen Kirche steht an oberster Stelle der Abuna, welche viele Jahre vom Patriarchen von Alexandrien konsekriert wurde und somit immer ein Ausländer war. Bis Kaiser Haile Selassie am 28. Juni 1959 erreichte, dass der Erzbischof von Schoa zum 'Patriarchen und Katholikos Äthiopiens' konsekriert wurde und somit die Kirche Äthiopiens unabhängig wurde. Weiterhin gibt es neben dem Abuna noch die Mönche bzw. Nonnen, die verheirateten Priester und den Stand der Debteras. Die Debteras haben keine Weihe, waren aber mit dem Abschreiben und Vorlesen der Texte vertraut. Sie waren auch kundig im Anfertigen von Amuletten, in Gebets- und Zauberrollen und der der Heilkraft von Pflanzen.

4. Die Kreuze

Kreuze haben im Christentum Äthiopiens eine lange Tradition, sie werden nicht nur bei den verschiedenen Feiern dem Volk vorgeführt, sondern haben auch ein eigenes nationales Fest, das Masqal, das Fest der Kreuzauffindung. Die Geschichte der Kreuzdarstellung in Äthiopien beginnt im 4. Jahrhundert bei König Ezana, er ließ griechische oder lateinische Kreuze manchmal mit, manchmal ohne leicht geschweiften Armen auf die Münzen prägen. Es gibt auch Münzen, auf denen das Kreuz von einem Kreis eingeschlossen wird. Dennoch ist nicht viel über die Kreuze in den ersten Jahrhunderten bekannt, da nur sehr wenige erhalten sind, die man mit Sicherheit vor das 11. Jahrhundert datieren kann. Die Datierung bei den Kreuzen ist sowieso sehr schwierig, da in späteren Epochen häufig ältere Kreuze nachgeahmt wurden oder die Informationen über das Kreuz beim Wechsel der Besitzer verloren ging. Es gibt aber vier wesentliche Datierungsmethoden:

"a) Viele Kreuze, besonders Vortragskreuze, wurden einer Kirche oder einem Kloster gespendet. Der Stifter ließ die Tatsache oft in Form einer Inschrift auf dem Kreuz festhalten. Wenn der Stifter ein Herrscher oder sonst eine historisch bekannte Person war, so kann die Inschrift das Kreuz ziemlich genau datieren. Manchmal fügte der Stifter den Namen des Herrschers als Hinweis auf das Datum bei, zum Beispiel in der Inschrift „gestiftet zur Zeit des

Königs Tekle Giyorgis".

b) Im Laufe der Jahrhunderte unterlag die Ge'ez - Schrift gewissen Veränderungen, und dies macht es einem Spezialisten möglich eine Inschrift zu datieren. Diese Methode kann aber natürlich nur eine sehr grobe Datierung ermöglichen.

c) Äthiopische Malerei, deren Chronologie ziemlich verlässlich ist, zeigt oft Heilige oder andere Gestalten mit Kreuzen in der Hand. Wenn auch die Gemälde nie sehr realistisch waren, so können daraus doch Schlüsse auf die jeweils übliche Form der Kreuze gezogen werden.

d) Wo ein Kreuz mit figuralen Darstellungen verziert ist, kann ein Vergleich mit der Malerei oft bei der Datierung helfen. Es ist natürlich immer möglich, dass ein graviertes Muster später hinzugefügt wurde oder dass ein Gemälde aus früherer Zeit kopiert wurde, aber anderes Beweismaterial deutet darauf hin, dass dies nicht oft der Fall war." (Raunig 1973: 68)

Da es sich bei der Kreuzherstellung um eine traditionelle Kunst handelt, in der Formen mit bestimmten charakteristischen Merkmalen über eine längeren Zeitraum hergestellt wurden formen sie ein System mit den verschieden Eigenheiten jeder Epoche und somit können auch undatierte Kreuz eingeordnet werden.

Man unterscheidet die Kreuze in drei Gruppen:

1.das Prozessionskreuz oder Vortragskreuz

2.das Segenskreuz oder Handkreuz

3.das Halskreuz oder Anhängekreuz

Manchmal wird auch von vier Gruppen gesprochen, dann werden die. Holzkreuze einer eigenen Gruppe zugeordnet, da Holz eine ganz andere Herstellungstechnik erfordert als das Gießen von Metall.

Im äthiopischen Christentum herrscht eine Vielzahl von Kreuzformen, wie in keinem anderen christlichen Land. Die Kreuze sind weniger mit Perlen und Steinen verziert, sondern mehr mit Ranken, Bänder und Ornamenten. Durch ihre Verzierungen entstehen manchmal solche Formen, so dass man kein Kreuz mehr entdecken kann. Durch die kunstvollen und aufwendigen Kreuzdarstellungen gingen in Äthiopien "Religion und Ästhetik (...) Eine Symbiose ein: der Glaube durchdrang die Form und schuf neue Formen, und die Form wurde Symbol des Glaubens und schuf neuen Glauben." (Raunig 1973: 19)

4.1. Das Vortragskreuz

Das Vortragskreuz bekam seinen Namen, da es bei Prozessionen und religiösen Feiern auf einem Holzstab über den Köpfen der Menge getragen wurde. Ihre Funktion bestand in der

Segnung der Gläubigen, der Sakramente, des Taufwassers und der vier Himmelsrichtungen. Das Kreuz unterteilt sich in zwei Teile: das Kreuz und den Schaft mit zwei Bögen. Das Kreuz ist der wichtigste Teil, in Äthiopien normalerweise ohne Korpus dargestellt, der andere ist nur funktioneller Herkunft. Die zwei Bögen am Schaft sind spezielle äthiopische Zusätze, sie dienen als Tragevorrichtung an denen der Stoff befestigt wurde. (siehe Bild 4 und 5) Da mit der Zeit die Kreuze größer und schwerer wurden reichte bald der Schaft als Halterung nicht mehr aus und so wurden die beiden Bögen möglichst weit außen am Kreuz angenietet. (siehe Bild 3 und 7) Die Grundformen des Vortragskreuzes waren meist das gleicharmige griechische Kreuz (siehe Bild 7) und das lateinische Kreuz mit einem längeren unteren Balken, beide Formen konnten gerade oder geschweifte Arme besitzen. Da die Grundformen auch auf den Münzen des aksumitischen Königreichs abgebildet sind, kann man sehr genau bestimmen, welche Formen älter sind. Die lateinische und griechische Form wurden häufig verwendet, da bei ihnen in der Mitte eine große Fläche für Abbildungen vorhanden war. Die Kreuze waren meist auf Silhouette gearbeitet und zeigen Darstellung von Personen der Heilsgeschichte und den Stifter. Bei ihnen wurden auf die Darstellung von Körper, Raum und Perspektive verzichtet (siehe Bild 8 und 9). Dennoch blieb es selten bei der Darstellung der Grundform, meist wurde das Kreuz mit zahlreichen Kreuzblumen, Umrahmungen und anderen Motiven geschmückt, so dass das Kreuz an sich nur ein kleiner Teil des Kunstwerkes war. Die drei Hauptarten der Musterung waren:

1. gravierte Linien, die die einzelnen Teile des Kreuzes voneinander absetzten oder unterstrichen, zu Beispiel die Striche, die das Überschneiden von Flechtwerk definieren; (siehe Bild 10 und 11)

2. ornamentale Randverzierungen oder reine dekorative Muster; (siehe Bild 5)

3. gravierte figurale Darstellungen von Personen oder Szenen von religiöser Bedeutung. (siehe Bild 8)" (Raunig 1973: 71)

Die Geschichte der Vortragskreuze begann schon vor dem 12. Jahrhundert, aber es gibt nur wenige die man nach den Überlieferungen auf diesen Zeitraum zurückgeht. Die frühsten, bekannten Vortragskreuze stammen aus der Zagwe - Dynastie, vom 12. bis 13. Jahrhundert. Die Epoche reichte bis in das 15. Jahrhundert. Sie waren meist aus Kupfer und Bronze, und wurden in Wachsausschmelzverfahren gegossen. Die Kreuze wurden meist aus einem Stück gearbeitet, und mit unteren Querbalken gegossen, die entweder gerundeten oder eckigen Schleifen am unteren Ende des Kreuzes dienten zu Unterstützung des Kreuzes. Gegen Ende der Periode wurde die Balken stärker ausgearbeitet und die Lötlinie sorgfaltig verstrichen.

Gewöhnlich war der Schaft kurz und bis zur Spitz gleich breit. Er besaß runde oder mehrkantige Querschnitte. Die Verzierung des Schaftes war selten und wenn sie vorhanden war bestanden sie aus schmalem Draht oder Bänder, die um den Schaft geschweißt wurden. Es wurden auch Furchen in den Schaft eingraviert und manchmal geometrische Formen. Die Herstellung der Kreuze war kompliziert, da sie aus vielen, verschlungen Teilen zusammengestellt wurden. Es waren Verzierungen wie kleine Kreuze, menschliche Figuren, Vögeln, verschlungenen Zickzacklinien, geometrischen Formen, verknüpften Quadraten und Bändern. Diese Formen wurden meist von einem Rahmen umgeben, dieser könnte neben den gewöhnlichen Kreuzformen auch noch von Kreisformen, Kleeblattformen und Rhombenformen umschlossen sein. Ein Beispiel für die Kreuze diese Epoche ist Kreuz 1., das Bronzekreuz wird auf das 12. Jahrhundert geschätzt. Es ist von einer länglichen Form eingeschlossen, die wie eine Birne aussieht, auf der einen Seite ist die Kreuzigung, in der frühbyzantinischen Form, und auf der anderen Muttergottes mit Kind dargestellt. Bild 12 zeigt auch eine Form aus jener Zeit. Hier handelt es sich um ein Kupferkreuz, welches auf das 14. - 15. Jahrhundert geschätzt wird. Das runde Kreuz wird durch Gravierungen unterteil und es ist nur eines von vielen Einzelteilen im gesamten Werk. Die runden Tragebögen sind Typisch für diese Epoche. Ein ähnlicher Typus wie Bild 12 ist Bild 13, nur bei diesen ist der Schaft außen achteckig. Das diamantförmige Kreuz in Bild 14 stammt aus dem 14. - 15. Jahrhundert und ist aus Kupfer. Es zeigt wie die Verknüpfung von vielen einzelnen Quadraten lauter kleine Kreuze entstehen lässt. Es entstanden auch Eisenkreuze in dieser Periode, diese waren meist einfacher gearbeitet, man geht davon aus, dass sie von Handwerkern hergestellt wurden, die nur Eisen bearbeiteten.

Im 15. Jahrhundert entwickelte sich ein Kreuztyp, der sehr kurzarmig war. "Die Kreuze hatten sehr breite, kurze Balken mit einem sehr großen Quadrat in der Mitte, auf welchen meist Figuren eingegraben waren." (Raunig 1973: 74)

Es wurde die Muttergottes mit Kind dargestellt, die Erzengel Michael und Gabriel, der hl. Georg, andere Heilige, Propheten oder Engel. Die Darstellungen waren ikonographische Porträts, die keine bestimmte Szene noch Begebenheit zeigten. Es wurde auch keine Handlungen und keine Gefühle dargestellt, die Figuren waren unbeweglich, was typisch für diese Zeit war, auch in der Malerei. Die Kreuze waren mit verschlungen Randverzierungen umrahmt, die meist in Kreuzblüten ausliefen. Beispiele für diese Periode sind Bild 8 und 9. Bild 8 ist ein Vortragskreuz aus Messing, es wurde in der Tatzenform gearbeitet, die Arme des Kreuzes sind aber so kurz gearbeitet wurden, dass man kaum den Eindruck eines Kreuzes erhält. Auf der Vorderseite sind Madonna mit Kind und zwei Erzengeln dargestellt und auf der Rückseite die zwölf Apostel. Kreuz 9 ist ebenfalls ein Tatzenkreuz aus Messing. Das Kreuz ist nur durch die vier kleinen Durchbrüche erkennbar, an sonst wirkt es im Zentrum mehr wie ein Kreis anstatt wie ein Kreuz. Bild 15 gehört zu dem gleichen Typus, nur dass es stärker mit Ranken und Gravierungen verziert wurde. Die kreuze jener Zeit wurden meist durch die Stanzmethode hergestellt und waren vorwiegend aus Messing und vereinzelt auch aus Silber. Der Schaft und die Tragebögen wurden einzeln gearbeitet und ~ aneinander geschweißt und später mit Nieten am Kreuz befestige (siehe Bild 8).

Im 16. Jahrhundert ist nur sehr wenig über die Kreuzherstellung bekannt, erst im 17. Jahrhundert nahm sie wieder eine bedeutende Entwicklung. Von 17. Jahrhundert bis ca. 1855 war Gondar das Zentrum der Herrschaft und genau dieser Dynastie in Gondar verdankt das Kreuz seinen Namen. Das Gondarkreuz hat als Grundform das Tatzenkreuz, nur bei ihm sind die gleichlangen Arme mit übertrieben geschweiften Enden. Die Enden liefen in Spitzen aus die sich ringelten und Spiralen oder Kreise formten. Bei späteren Exemplaren der Epoche berühren sich die Enden der Balken und formen ein geschlossenes Kreuz. Trotz das sehr viele prächtige Vortragskreuz im Gondar-Stil entstanden, verlieren sie doch an Qualität bei näherem hinsehen, da sie nicht so fein gearbeitet wurden wie ihr Vorgänger. Die Gondarkreuze sind mehr für die Betrachtung aus der Feme gemacht wurden. Die ersten Kreuze wurden höchstwahrscheinlich aus Eisen gestanzt und waren sehr einfach gearbeitet. Später wurden sie meist aus Messing geformt und manchmal versilbert oder vergoldet. Es gibt auch Exemplare aus Silber und reinen Gold. Das Kreuz wurde in vier Teilen gegossen, den Kreuz, den Schaft und den zwei Trageringen. Das Kreuz war schwerer und so wurde es in einen Schlitz im Schaft eingesetzt und angenietet, der Schaft reichte jetzt über den ganzen unteren Balken des Kreuzes. In der Gondar-Preiode dienten nun auch die Tragbögen und der Schaft als Verzierung. Weiter Verzierungen waren Gravierungen meist Szenen und Figuren. Die anfängliche starre Darstellung der Figuren hob sich mit der Zeit auf und sie wirkte etwas menschlicher und lebhafter, bei der Darstellung von Szenen kann man auch parallelen zu der Malerei ziehen, manche Szenen scheinen von Gemälden kopiert zu sein. In jener Epoche entstand auch der Brauch die Stifter unter den Hauptfiguren liegend abzubilden. In Bild 2 ist ein Kreuz aus der Anfangszeit abgebildet. Es stammt aus 17. Jahrhundert und ist aus Silber. Die zueinander zu laufenden Spitzen wurden in der Dreiblattverzierung gearbeitet. Die Tragebögen wurden abgerundet und wirken schmückend. Als Verzierung des Kreuzes ist aber nur die Inschrift vorhanden, welche Kaiser Yohannes 1. Als Stifter des Kreuzes nennt. Ein Holzkreuz im Gondar-Stil ist Bild 4, es wurde wahrscheinlich in 17. oder 18. Jahrhundert hergestellt. Es ist sehr fein und sorgfaltig gearbeitet wurden, es zeigt sehr viele Details und der Rahmen soll zur Verstärkung des Kreuzes dienen, was aber nicht notwendig wäre, da es nicht ausgestanzt wurde. Ein weiteres Holzkreuz das aus der Gondar- Epoche stammt ist Bild 5. Es wurde wahrscheinlich im 17. Jahrhundert hergestellt. Dieses Kreuz ist ausgestanzt und wurde mit einem Rahmen umschlossen. Die Verzierungen sind sehr fein und genau gearbeitet und bei ihm sieht man auch deutlich das der Schaft und die Tragebögen manchmal mit verziert wurde. Das Kreuz in Bild 6 zeigt den Übergang von dem offenen zum geschlossenen Kreuz. Bei diesem ursprünglich vergoldeten Kupferkreuz berühren sich die Enden der Balken schon fast und es ist wiederum nur durch eine eingravierte Inschrift verziert. Ein Kreuz aus der späteren Gondar-Periode ist Bild 3. Es stammt aus dem 18. Jahrhundert und ist vergoldetes Messing. Die Enden der Balken sind jetzt zusammen gelaufen und nur die länglichen Löcher im Kreuz machen deutlich, dass es sich um ein Kreuz handelt. Die Enden der Balken sind auch nicht mehr in der Dreiblattform sonder mittlerweile in der Rhombenform, so das ganze Kreuz im Umriss wie ein Rhombus wirkt. Die Trageringe sind halbe Kreise, die meist mit einem Kreuz verziert sind. Als Verzierung wurden verschieden Szenen, wie zum Beispiel Madonna, der hl. Georg als Drachentöter und die hl. Dreifaltigkeit von den Symbolen der vier Evangelisten umgeben. Die Stifter sind auf beiden Seiten auf dem rechten Balken abgebildet.

Auch im 19. Und 20. Jahrhundert und auch noch heute werden Vortragskreuze hergestellt, doch der letzte neue Typus an Kreuzen war der Gondar-Stil. Nach der Gondar-Epoche reichte es den Handwerkern die Stile der verschiedenen Perioden nachzuahmen und nur Stielabwandlungen und Vereinfachungen vorzunehmen. Verzierungen sind meist nur noch gepresste Dekorbänder und Kreise, sehr selten Gravierungen von Figuren. Der Schaft wird meist wie jener aus der Gondar-Periode gearbeitet und die Trageringe sind Imitationen aus verschieden früheren Perioden. Als Material wird heute vorwiegend Silber und Messing verwendet und die Kreuze werden auch noch fast immer durch die Wachsausschmelzmethode hergestellt.

4.2. Das Handkreuz

Das Handkreuz oder Segenskreuz wird von Priester getragen und, wie schon der Name sagt, zum Segnen verwendet, in dem er es den Gläubigen zum Kuss darbietet. Handkreuze wurden auch von Priester zu Prozessionen getragen oder besonders große Exemplare wurden bei kirchlichen Zeremonien als Altarkreuze benutzt. Ein Segenskreuz ist fast immer dreigeteilt in Kreuz, Schaft und Basis. Die Basis ist eine Platte oder ein Würfel. Bei einem Würfel kann die

Form durchbrochen sein, wie in Bild 16, durch die dann ein Tuch gezogen werden kann, zum tragen des Kreuzes. Sie dient als Gegengewicht zum Kreuz und stellt eine Ausgewogenheit in der Form dar. Die Basis ist oft mit einer Inschrift geschmückt, die ein Gebet, ein Segensspruch oder die Identifizierung des Stifters sein kann. Unter der Basis kann auch ein Ring angebracht sein, der dazu dient, dass kreuz an einer Kette um den Hals zu tragen oder ein Tuch hindurch zu ziehen, das an dem Kreuz herunterhängt oder es verdeckt, wenn man es um den Hals trägt. Der Schaft hat nur eine funktionelle Rolle, er ist deshalb auch nur sehr schwach ornamentiert, wenn überhaupt. In der vorgondarischen Zeit war der Schaft bei Eisenkreuzen oft sehr lang und dünn (siehe Bild 17). Bei Holzkreuzen konnte er in Form eines Menschen gearbeitet sein, die scheinbar das Kreuz trug (siehe Bild 18), bei der Figur ist man sich aber meist nicht sicher, wen es darstellen soll, entweder Engel bzw. Heilige oder Christus bzw. Adam. Das Kreuz weißt ähnliche Formen und Verzierungen wie die Vortragskreuze auf, jedoch haben sie nicht so aufwendige Verzierungen und Gravierungen, da sie leichter sein mussten. Die Entwicklung der Handkreuze ist der der Vortragskreuze sehr ähnlich, deshalb kann man annehmen, dass sie von denselben Handwerkern hergestellt wurden. Auch die Materialien sind dieselben, nur eiserne und silberne Handkreuze sind häufiger als bei den Vortragskreuzen. Bis auf Eisenkreuze, die geschmiedet oder gestanzt wurden, und Holzkreuze, die geschnitzt wurden, wurden die meisten Handkreuze in der Wachsausschmelz- Methode hergestellt.

Die frühen Handkreuze wurden meist aus Eisen hergestellt. Bis in das 15. Jahrhundert waren die eisernen Kreuze meist schmalarmige Tatzenkreuze, die am Ende der Balken oft in Kreuzblumen endeten. Der Griff war lang und die Basis war meist ein kleiner Würfel, und im 14. oder 15. Jahrhundert entwickelte sich neben der Würfelbasis noch die Plattenbasis. Oft findet sich unter der Basis auch ein Ring, der entweder fest angebracht war oder durch ein Scharnier mit der Basis verbunden war. Ein Kreuz, das aus dieser Zeit stammen kann ist Bild 17. Bei diesem Handkreuz aus Eisen handelt es sich um ein Tatzenkreuz mit Kreuzblumen an den Spitzen. Der Schaft ist lang und dünn und wird drei Ringe am oberen, mittleren und unteren Teil des Kreuzes gegliedert. Die Basis bildet ein durchbrochener Würfel.

Im 15. Jahrhundert entwickelte sich eine neue Form von Handkreuzen, die den höchstwahrscheinlich von den kurzarmigen Vortragskreuzen kopiert wurde. Die Kreuze besaßen noch immer den langen, dünnen Schaft und die kleine Würfelbasis der früheren Kreuze, jedoch war das Kreuz an sich größer und der Umriss glich einem Rhombus, da die Ausläufer der kurzen Balken durchbrochen waren.

So wie auch schon bei den Vortragskreuzen, entstanden auch bei den Handkreuzen während der Gondar-Dynastie die Gondar-Kreuze. Die Balken der Kreuze waren geschweift und die Enden zu Kreisen erweitert, dabei berührten sich die Enden der Balken jedoch noch nicht. Nicht nur das Kreuz war jetzt größer und schwerer auch die Basis, das Gegengewicht, wurde größer und schwerer. Der Griff war nun kürzer und wurde mit Wülsten verziert. Ein typisches Beispiel für diese Zeit ist Bild 19. Bei ihm handelt es sich um ein eisernes Handkreuz aus dem 17. Jahrhundert. Es besitzt den kurzen Schaft, die Würfelbasis und auch das Kreuz ist im Gondar-Stil. Die Kreuze dieser Periode waren sich untereinander immer sehr ähnlich, manchmal mit einigen kleinen Abwandlungen, aber von Typ immer dieselben. Auch Bild 20 und 16 sind aus der Epoche. Das eiserne Kreuz 20 ist ein offenes Gondar- Kreuz mit zusätzlichen Verzierungen am Ende der Balken und mit einer Basis, die als Mensch konzipiert ist. Kreuz 16 ist aus Messing. Es ist stark erweitert und alle Verzierungen, bis auf Schaft und Würfel, sind wieder in Kreuze aufgelöst. Die Basis ist diesmal ein durchbrochener Würfel mit einem Kreuz am unteren Ende. Ein Kreuz aus der zweiten Hälfte der Gondar-Periode ist Bild 21. Hierbei handelt es sich um ein Holzkreuz aus dunklem Hartholz, dass mit feinen Gravierungen verziert wurden ist. Die Balkenenden berühren sich und es entsteht die Form eines Rhombus. Der Griff ist kurz und die Basis ist mit Gravierungen ausgeschmückt.

Im 17. oder 18. Jahrhundert entwickelte man auch eine neue Form der Basis, die man in Bild 16 und 22 sehen kann. Diese Form der Würfelbasis wurde dadurch erreicht, dass zwei "quadratische Platten durch enge Stege an allen Ecken miteinander verbunden wurden, so dass ein offener Würfel entstand." (Raunig 1973: 82)

Auch heute werden noch Handkreuze hergestellt, meist in den Formen, die es seit dem 17. Jahrhundert gibt. Ein Kreuz, dessen Datierung im 19. oder 20. Jahrhundert angesetzt wird, ist Bild 23. Das Holzkreuz ist aus hellem Holz gefertigt. Es ist mit einer sorgfältig angebrachten Netzverzierung geschmückt. Der Griff ist kurz und durch drei Kreuze oben, in der Mitte und unten dreigeteilt. Die Basis ist ein Würfel auch mit Gravierungen.

Die Anfertigung der heutigen Handkreuze dient nicht nur zu religiösen Zwecken, sonder es werden auch Handkreuze an Touristen als Souvenir verkauft, so entsteht eine größere Nachfrage an Handkreuzen, dies hat Vorteile wie auch Nachteile: "eine große Anzahl von äußerst minderwertigen Kreuzen wird für diesen Markt hergestellt, doch erhielt auch die Herstellung von originellen, gut und sorgfältig in der alten Tradition ausgeführten Kreuzen einen neuen Aufschwung." (Raunig 1973: 82)

4.3. Das Anhängerkreuz

Die Anhängekreuze oder Halskreuze sind die größte und Formen reichste Gruppe der äthiopischen Kreuze. Meist ist am oberen Kopfbalken ein kleiner Ring befestigt, durch den dann eine Kette oder Schnur gezogen wird, um das Kreuz dann tragen zu können. Es gibt kaum zwei ganz gleiche Kreuze, obwohl durch das arbeiten mit Doppelmodeln auch sich sehr ähnliche Kreuze entstehen. Die Grundformen der Halskreuze kann man in der Tabelle (Bild 24) sehen. Jede der Kreuzformen konnte auch einen der vier Zusätze besitzen:

„1. Kreuze mit Tragering am oberen Längsbalken (siehe Bild 25 und 26).

2. Die kunstvoll ausgestaltete Tragevorrichtung wird mit einen Scharnier am Längsbalken befestigt (siehe Bild 27 und 28)

3. Bisweilen wird am unteren Längsbalken ein Ohrenreiniger-Löffel angebracht (siehe Bild 29 und 30)

4. Manche Kreuze werden als Reliquiare benutzt. Sie sind innen hohl und

lassen sich durch einen Mechanismus öffnen" (Thiel 1948:78)

Die vier Zusätze waren nicht auf einen bestimmten Kreuztyp zugeschnitten, es konnte jedes Kreuz jeden Zusatz haben, nur die Reliquienkreuze waren meist in der lateinischen Grundform, da es dicker und breiter sein musste als die anderen. Neben den vier Zusätzen gibt es such noch eine Vielzahl von verschiedenen Verzierungen. Die vier häufig verwendeten Gestaltungen sind:

„- (...) Durchbrochene Kreuze mit kunstvoll verschlungenen Mustern

- fein gravierte Kreuze mit vielen ornamentalen Mustern (siehe Bild 25 und 26)

- Kreuze mit gegossenem Dekor wie Perlen. Wülsten, Vertiefungen usw. und

- kreuze mit applizierten Schmückelementen wie Perlen, gedrehter Silberdraht, Spiralen, Strahlen ... " (Thiel 1984: 78)

Die Materialien der Anhängekreuze waren sehr vielfältig neben Kupfer, Holz und Messing gab es auch Silber, Gold, Eisen und Kreuze aus Ledergeflecht. Im 19. Jahrhundert wurden Silber das gebräuchlichste Material, die Kreuze waren nicht immer aus reinen Silber oft wurden Kupfer- oder Messingkreuze nur versilbert. Wer sich Silberkreuze nicht leisten konnte, für den wurden Messingkreuze hergestellt. Goldkreuze wurden nur für den Adel und den hohen Klerus gearbeitet. Die Herstellung der Kreuze erfolgt. Wie schon bei den Vortragskreuzen und den Handkreuzen, überwiegen durch das Wachsausschmelzverfahren. Das Kreuz wurde meist in einem Stück gegossen und der Ring wurde später angeschweißt. Da diese Methode höchstwahrscheinlich sehr lange dauerte, mussten die Handwerke nach neuem Methoden suchen, da die Nachfrage nach den Kreuzen stetig stieg. So entstand das Gießen in halben Modellen. Die Kreuze waren dadurch meist auf der Rückseite flach. Die Vorderseite bestand aus vier oder fünf konvexen Kreisen oder war ein schmalarmige lateinisches Kreuz mit Randornamenten aus ähnlichen Kreuzen. Das Silberkreuz ist aus dem 19. oder 20. Jahrhundert und besitzt die typischen kreisförmigen Randverzierungen. Später wurde auch noch die Doppelseitige-Methode entwickelt, die wurde aber meist zum kopieren von Kreuzen genutzt. Eine weitere Methode der Herstellung von Halskreuzen war die Applikationsarbeit und die Filigran-Methode.

Die Geschichte des Halskreuzes beginnt eigentlich mit einer Schnur (mateb), sie war seit der Christianisierung schon immer ein Zeichen des Glaubens und bei der Taufe wurde sie jeden neuen Christ umgebunden. Manchmal hing zusätzlich ein kleines Kreuz an der Schnur. Im 15. Jahrhundert erließ schließlich Kaiser Zara Jakob ein Dekret, nach dem jeder Christ ein Kreuz um den Hals tragen sollte. Aus welchen Material sie waren ist unbekannt, aber es wurden Metallkreuze aus früheren Perioden gefunden. Im 16. Jahrhundert wird häufig von Holzkreuzen gesprochen, so kann man darauf schließen, dass das breite Volk sich nur die Holzkreuze leisten konnte und die Metallkreuze für einem bestimmten Kreis von Leuten gearbeitet wurden. Doch nur wenige Kreuze sind aus dieser Zeit erhalten geblieben und so lässt sich nur über die Geschichte der Halskreuze mutmaßen. Was sicher ist, ist, dass die Kreuze im 19. Jahrhundert einen neuen Aufschwung erlebten und anfangs für ihre Herstellung importierte Maria- Theresien- Taler eingeschmolzen wurden. Auch heute werden die Kreuze von fast jeden äthiopischen Christen getragen und sie werden auch noch weiterhin hergestellt.

5. Die Materialien

Für die Kreuzherstellung wurden sehr viele verschiedene Materialien verwendet, von Metallen über Holz bis zu Ledergeflechten. Die ältesten Modelle die herhalten sind, sind aus Kupfer und Bronze. Man muss aber davon ausgehen, dass auch Holz verwendet wurde und es sich nur nicht bis in die heutige Zeit erhalten hat. Außer bei den Halskreuzen ist Silber eher selten und Gold so gut wie nicht existent, es gibt aber einige vergoldet Kreuze. Seit frühster Zeit wird auch Eisen verwendet und Messing ist seit dem 15. Jahrhundert bevorzugtes Material.

6. Die Herstellung

Die häufigste Herstellungsmethode ist das Wachsausschmelzverfahren. Aber einige Kreuze wurden auch geschmiedet, ausgestanzt oder die Holzkreuze geschnitzt. Noch eine Methode ist die Applikationsarbeit bei der verschiedene Schmuckelemente an dem Kreuz angebracht werden.

Zwischen dem 17. und 18. Jahrhundert wurde Eisen geschmiedet, da erst später die Methode des Gießens nach Äthiopien kam.

Beim Ausstanzen wurde zuerst eine Pauszeichnung auf das Metall gebracht und dann wurde das Kreuz entweder ausgeschnitten oder ausgestanzt.

Mit den Wachsausschmelzverfahren können alle Kreuztypen hergestellt werden. Bei ihr wird die gewünschte Kreuzform im Wachs gearbeitet und dann mit feinem Ton umkleidet, es wird nur noch ein Eingussloch gelassen, in das nachher das Metall gegossen werden kann. Der Ton wird getrocknet, manchmal auch durch erhitzen, so dass das Wachs heraus fließt und daraufhin wird flüssiges Metall eingegossen. Oder das Wachs wird gleich mit dem flüssigen Metall heraus gebrannt. Nachdem das Metall dann getrocknet ist wird die Form zerschlagen und der Rohling gesäubert und geglättet. Durch das Zerstören der Form ist jedes Kreuz ein Original und für jedes Kreuz muss wieder eine neue Form gearbeitet werden.

Die Applikationsarbeit zählt, vor allem bei dem Halskreuzen, zu der gebräuchlichsten Methode. Bei ihr werden zwei dünne Silberplatten aus dem Metall gestanzt und mit schmalen Seitenwänden verbunden, so dass ein hohles Kreuz entsteht. An diesem Kreuz werden dann gedrehte, geknüpfte oder einfache Drähte, die gerade, Wellenlinie oder spiralförmig sein können, angebracht. Auf diesen Drähten können, zur Verzierung, dann Perlen oder Scheiben angebracht werden. Es werden auch öfters Metallperlen an den Kanten der Kreuze angebracht, als Ausläufer von Kreuzbalken oder anderen Ornamenten. Beispiele für diese Methode sind Bild 27. Bild 27 ist beidseitig ornamentiert. Aber nur auf der Vorderseite des Silberkreuzes befinden sich die sechs Silberperlen und auch nur die Vorderseite des Scharniers ist mit Applikationen versehen.

7. Literatur

1. Baur, John (1994): *200 years of chritianity in africa*. An african history 62-1992.0.0.: Paulines La Gamma, Alisa (2001): The Metropolitan Museum of Art. New York. In: *african arts*. p. 72-74

2. Loth, Heinrich (1987): *Vom Schlangenkult zur Christuskirche*. Religion und Messianismus in Afrika, Frankfurt/Main: Fischer

3.Raunig, Walter (1973): *Religiöse Kunst Äthiopiens*. Stuttgart

4.Thiel, Josef Franz (1984): *Christliche Kunst in Afrika*. Berlin: Reimer

8. Anhang

Bild 1 (Raunig 1973:187)

Bild 2 (Raunig 1973:197)

Bild 3 (Raunig 1973: 20)

Bild 4 (Thiel 1984:51)

Bild 5 (Raunig 1973: 199)

Bild 6 (Thiel 1984: 50)

Bild 7 (Thiel 1984: 44)

Bild 8 (Thiel 1984 46)

Bild 9 (Thiel 1984: 47)

Bild 11 (British Museum)

Bild 12 (Raunig 1973: 191) und Bild 13 (Thiel 1984: 49)

Bild 14 (Thiel 1984: 47)

Bild 15 (Thiel 1984: 48)

Bild 16 (Thiel 1984: 54)

Bild 17 (Thiel 1984: 54)

Bild 18 (Staatl. Museum für Völkerkunde, München)

Bild 19 (Raunig 1973: 221)

Bild 20 (Thiel 1984:54)

31

Bild 21 (Thiel 1984: 55)

Bild 22 (Raunig 1973: 219)

Bild 23 (Thiel 1984: 55)

Bild 24 (Raunig 1973: 237)

33